D1934599

ERDBEER Träume

CORNELIA ADAM

MIT FOTOS VON
STEPHAN SCHÖLL

01.06.2016

GERSTENBERG

Inhalt

Die Magie der roten Früchtchen

Erdbeeren sind seit jeher ein Symbol für Sinnlichkeit. Schon die Germanen weihten sie ihrer Liebesgöttin Friga, und die Römer der ihrigen, der Göttin Venus. Wobei es sich damals sicher um Walderdbeeren gehandelt hat. Leider sind die heute ziemlich rar und teuer – dafür aber extrem geschmacksintensiv. Damals gab es nur die eine Sorte, heute eine große Auswahl. Doch wussten Sie, dass die Erdbeere eigentlich gar keine Beere ist? Sie gehört zur Familie der Rosengewächse und ist mit Rosen, Pflaumen und Äpfeln enger verwandt als mit Johannis – und Stachelbeeren. Es handelt sich also um eine »Scheinbeere« und die roten Beeren sind eigentlich nicht die Früchte, das sind die kleinen, gelben Kernchen, die auf der glatten Haut sitzen.

Aber Schein oder nicht Schein, Erdbeeren erfreuen sich größter Beliebtheit und man kann es immer kaum erwarten, bis die saftigen Früchtchen im Frühling wieder auf den Markt kommen. Ab Mai bis Ende September werden sie im Freiland geerntet. Auch wenn sie inzwischen das ganze Jahr über importiert werden, duften und schmecken Erdbeeren aus regionalem Anbau unvergleichlich besser. Schon deshalb, weil sie in ihrer eigentlichen Saison, perfekt gereift, geerntet werden, und keine langen Transportwege hinter sich haben. Ein Glück, wer einen eigenen Garten hat, denn ganz frisch geerntet schmecken sie am allerbesten. Inzwischen gibt es im ganzen Bundesgebiet Erdbeerfelder, ein Ziel für einen Familienausflug am Wochenende. Erdbeeren pflücken macht nämlich auch Kindern richtig Spaß. Unter www.selbstpfluecken.de findet man eine Auflistung sämtlicher Erdbeerfelder und kann sich das nächst liegende in seiner Umgebung aussuchen.

Die süßen Früchte schmecken nicht nur, sondern verschönern auch die Haut. Das enthaltene Vitamin C (ca. 60 mg pro 100 g) hilft dem Körper bei der Collagen-Produktion und lässt Falten keine Chance. Dazu kommen die

Mineralstoffe Magnesium und Calcium. So viel Gesundheit mit Genuss, und das bei lächerlichen 31 Kalorien pro 100 Gramm! Wenn da nur nicht die Schlagsahne so gut dazu passen würde.

Die wichtigsten Tipps

- Lassen sie sich nicht von großen Früchten beeindrucken. Vollreife, möglichst kleine Erdbeeren verwenden, sie duften betörend und haben viel mehr Aroma.

- Je frischer, desto besser. Sie verlieren leider schnell an Festigkeit und Aroma. In einer flachen Schale, nebeneinander gelegt, halten sie bis etwa 3 Tage im Gemüsefach des Kühlschranks.

- 1 Stunde vor dem Verarbeiten aus dem Kühlschrank nehmen, dann können die Erdbeeren ihr Aroma voll entfalten.

- Zum Waschen in ein großes Sieb geben, kurz abbrausen und am besten auf einigen Lagen Küchenpapier nebeneinander abtropfen lassen. Bitte nie in Wasser liegen lassen, sie saugen sich voll, was das Aroma verwässert und die Konsistenz beeinträchtigt.
  Die Stielansätze erst nach dem Waschen entfernen.

- Zum Einfrieren die vorbereiteten Erdbeeren nebeneinander in einer großen Dose oder auf einer Platte vorgefrieren. Danach portionsweise in Gefrierbeutel oder Gefrierdosen füllen.

Sortenkunde

Inzwischen gibt es über 1000 unterschiedliche Sorten. Diese werden in früh, mittelfrüh und spät wachsende Erdbeeren unterteilt, was aber nur von Bedeutung ist, wenn man die Erdbeeren im eigenen Garten anbaut. Leider sind Sortenbezeichnungen nicht gesetzlich vorgeschrieben, deshalb muss man sich beim Einkauf auf seine Augen und die Nase verlassen. Reife, tiefrote Erdbeeren haben eine glänzende Oberfläche und verströmen ihren typischen Duft. Je kleiner sie sind, desto mehr Aroma haben sie. Riesenexemplare, die noch grünlich sind, fad schmecken und ziemlich hart sind, wurden unreif gepflückt. Sie reifen nicht nach und gewinnen auch nicht an Aroma.

Lambada

Zu erkennen an ihrer glänzend roten Oberfläche. Mit ihrer festen Konsistenz und ihrem süßen Geschmack eignet sie sich besonders gut für Desserts. Wird sogar von Allergikern gut vertragen.

Elvira

Sie punktet mit sattrote Beeren und wunderbarem Fruchtaroma. »Elvira« wird auch sehr gerne in heimischen Gärten angebaut, da sie als pflegeleicht gilt.

Mieze Schindler

Wurde vor über 90 Jahren von Peter Schindler gezüchtet und trägt den Namen seiner Frau »Mieze«. Eine zarte, aromatische Beere die kaum größer als eine Himbeere ist. Leider wird sie nur selten im Handel angeboten, da sie sehr empfindlich, und deshalb schwer zu transportieren ist.

Senga – Sengana

Die beliebteste und erfolgreichste Sorte, deshalb wird sie am häufigsten in deutschen Gärten angebaut. Ihr Merkmal: Dunkelrot und geschmacksintensiv, außerdem ziemlich robust. Sie eignet sich besonders gut zum Einfrieren und schmeckt so auch im Winter besser als die faden Importe.

Korona

Sie gehört mit zu den gängigsten Sorten in Deutschland. Ihre leuchtend hellrote Farbe und ihre mittelfeste Konsistenz zeichnen sie aus. Sie ist robust, schmeckt ziemlich süß und intensiv.

Sonata

Wird auch gerne angepflanzt und lässt sich sehr leicht pflücken.
Sowohl im Geschmack als auch in der Konsistenz kann sie punkten.

Salsa

Hat auffallend große, hellrote Früchte, die besonders saftig und sehr gut haltbar sind.

Symphony

Feste, glänzende Früchte mit ausgeprägtem Aroma, die sich im Kühlschrank knapp 1 Woche halten.

Polka

Begeistert durch große, feste Beeren. Die süß-säuerlich schmeckenden Erdbeeren werden gerne angebaut, da sie hohe Erträge versprechen. Ideal, um Erdbeerlikör anzusetzen.

Elsanta

Farblich geht sie mehr ins orangerot und zeichnet sich durch einen besonders hohen Gehalt an Vitamin C aus. Gilt als eine der aromatischsten Sorten und wird sehr gerne genommen, da sie sich gut transportieren lässt.

Ich wünsche Ihren eine sinnliche Erdbeerzeit und viel Freude beim Zubereiten und Genießen der »Erdbeerträume«.

Cornelia Adam

Drinks und Eis

Erdbeersmoothie

Für vier Gläser

400 g Erdbeeren

4 Bananen

400 ml Kefir

4 Zweige Zitronenmelisse

Erdbeeren waschen, entstielen und in den Mixer geben.

Bananen schälen, grob zerkleinern und mit dem Kefir dazu geben.

Die Zitronenmelisse abbrausen, die Blättchen abzupfen und zufügen. Alles gut mixen und in 4 Gläser gießen.
(auf dem Foto)

Erdbeer-Kokos-Lassi

Für vier Gläser

250 g Erdbeeren

1 Stück Ingwer, ca. 2 cm

250 g Naturjoghurt

250 ml Kokosmilch

2 EL Kokoszucker

Erdbeeren waschen und entstielen. 4 Stück zum Garnieren beiseite legen.

Den Ingwer schälen und grob hacken. Mit den Erdbeeren in den Mixer geben.

Naturjoghurt, Kokosmilch und Kokoszucker dazu geben und alles gut durchmixen.

Das Erdbeer-Lassi in 4 Gläser füllen und mit je einer Erdbeere garnieren.

Tipp: Besonders erfrischend mit Eiswürfeln.

Erdbeer-Rosen-Bowle

Für acht Gläser

500 g Erdbeeren

4 EL brauner Zucker

2 EL Rosenwasser
(aus der Apotheke)

750 ml trockener Weißwein,
z.B. Pinot Grigio oder
Chardonnay

750 ml gut gekühlter
Prosecco oder Winzersekt

Blätter von 2 essbaren Rosen

Erdbeeren waschen, entstielen und vierteln.

In einer Schüssel mit Zucker und Rosenwasser mischen. Mit dem Weißwein aufgießen und abgedeckt im Kühlschrank 1 Stunde durchziehen lassen.

Vor dem Servieren mit Prosecco oder Winzersekt auffüllen und die Rosenblätter einstreuen.

Strawberry Margarita

Für acht Gläser

Zucker für den Rand

¼ Zitrone

4 Erdbeeren

4 cl Tequila

2 cl Grand Marnier

2 EL Zitronensaft

2 EL Erdbeersirup

Eiswürfel

1 Erdbeere zum Garnieren

Auf einen Teller Zucker streuen.

Eine Cocktailschale rundum mit einem Zitronenschnitz anfeuchten und kopfüber in den Zucker drücken, so entsteht rundum ein Zuckerrand.

Die Erdbeeren waschen, entstielen und mit Tequila, Grand Marnier, Zitronensaft und Erdbeersirup im Mixer pürieren.

Auf Eiswürfel in die Schale gießen und mit einer Erdbeere garnieren.

Aqua Fresca mit Erdbeeren und Holunder

Für vier Gläser

500 g Erdbeeren

100 ml Holunderblüten-Sirup

400 ml kaltes Mineralwasser

Erdbeeren waschen und entstielen. Gemeinsam mit dem Holunderblüten-Sirup im Mixer pürieren.

In 4 Longdrink Gläser füllen. Mit Mineralwasser aufgießen und gut umrühren. Nach Belieben Eiswürfel dazu geben.

Tipp: Anstelle von Mineralwasser Crément oder Prosecco verwenden, dann wird ein Aperitif daraus.

Erdbeer-Vanilleeis-Shake mit Minze

Für vier Gläser

250 g Erdbeeren
5 Stängel Minze
1 TL Vanilleessenz
500 ml kalte Milch
4 Kugeln Vanilleeis

Erdbeeren waschen und entstielen.

Die Minze abbrausen, die Blättchen von einem Zweig abzupfen und gemeinsam mit den Erdbeeren und der Vanilleessenz im Mixer pürieren.

Die Milch untermixen.

Je 1 Kugel Vanilleeis in ein hohes Glas geben, mit der Erdbeermilch auffüllen und jedes Glas mit Minze garnieren.

Erdbeersorbet

Für vier Personen

200 ml Wasser
100 g Zucker
Saft von 2 Limetten
500 g Erdbeeren
Erdbeeren zum Garnieren

Das Wasser mit dem Zucker verrühren und köcheln lassen, bis sich der Zucker ganz aufgelöst hat. Den Sirup vollständig abkühlen lassen.

Limettensaft untermischen. Die Erdbeeren waschen, entstielen und im Mixer pürieren. Das Erdbeerpüree durch ein feines Sieb streichen und mit dem Zuckersirup mischen.

Das Püree in eine Eismaschine geben oder in eine Metallschale füllen und für 4 Stunden in den Tiefkühler stellen. Jede Stunde kurz mit dem Schneebesen durchrühren, damit sich keine Eiskristalle bilden und das Sorbet gleichmäßig frieren kann.

Das Sorbet 30 Minuten vor dem Servieren herausnehmen und mit einem Mixstab aufschlagen. In Gläser füllen und mit Erdbeeren garnieren.

Tipp: Wenn Sie das Sorbet mit Prosecco auffüllen, wird ein herrlich erfrischender Drink daraus.

Erdbeergranita auf Sauerrahm

Für vier Personen

500 g Erdbeeren
Saft von 2 Limetten
100 g Zucker
1 Prise Salz
250 ml stilles Mineralwasser
200 g Sauerrahm
1 TL Puderzucker

Erdbeeren waschen und entstielen. Gemeinsam mit Limettensaft, Zucker und Salz im Mixer pürieren.

Das Erdbeerpüree mit dem Mineralwasser verrühren und in eine Metallform füllen.

Mit Alufolie bedeckt im Tiefkühler in mindestes 4 Stunden fest werden lassen, dabei stündlich mit einer Gabel durchrühren, damit sich keine Eiskristalle bilden.

Sauerrahm und Puderzucker verrühren und bis zum Servieren kühl stellen.

Die Granita 20 Minuten vor dem Servieren in den Kühlschrank stellen, dann mit einem Löffel abschaben oder im Mixer zerkleinern.

Den Sauerrahm in 4 Gläser füllen, die Granita darauf verteilen.

Christines Erdbeerparfait

Für vier Personen

500 g Erdbeeren

3 frische Eigelbe

100 g Puderzucker

abgeriebene Schale von ½ Biozitrone

300 ml Schlagsahne

Die Erdbeeren waschen, entstielen und durch ein feines Sieb passieren.

Eigelbe und Puderzucker in eine Metallschüssel geben. Die Schüssel in ein leicht siedendes Wasserbad stellen und den Inhalt mit dem Handrührgerät zu einer cremigen Masse aufschlagen.

Die Schüssel aus dem Wasserbad nehmen und die Creme etwa 3 Minuten weiter schlagen. Das Erdbeerpüree und die Zitronenschale unterziehen. Die Sahne steif schlagen und unterheben.

Eine Kasten- oder Parfaitform (750 ml Inhalt) mit Klarsichtfolie ausschlagen, dabei an allen Seiten überlappen lassen. Die Masse einfüllen und die Folie darüber schlagen.

Mindestens 6 Stunden in den Tiefkühler stellen. Vor dem Servieren 15 Minuten in den Kühlschrank stellen.

Das Parfait aus der Form heben, stürzen, in Scheiben schneiden und nach Belieben mit marinierten Erdbeeren (s. S. 37) anrichten.

Erdbeercobbler

Für vier Gläser

150 g Erdbeeren
Saft von 2 Limetten
einige Minzeblättchen
8 cl Wodka
750 ml kaltes Bitter Lemon

Erdbeeren waschen, entstielen und in den Mixer geben. Limettensaft und Minzeblättchen dazu geben. Alles gut durchmixen.

4 Longdrinkgläser mit je 2 cl Wodka und Eiswürfeln vorbereiten.

Das Erdbeerpüree auf die Gläser verteilen und mit Bitter Lemon aufgießen.

Erdbeerjulep

Für vier Gläser

400 g Erdbeeren
4 Zweige Minze
4 EL Zitronensaft
2 EL Zucker
100 ml Bourbon Whiskey
400 ml eiskaltes Ginger Ale

Die Erdbeeren waschen, entstielen und in Scheiben schneiden. Minze waschen, die Blättchen abzupfen und mit den Erdbeeren auf 4 Longdrinkgläser verteilen.

Zitronensaft, Zucker und Whiskey mischen, in die Gläsern geben, mit Ginger Ale auffüllen. Nach Belieben Eiswürfel zufügen.

Erdbeer-Joghurt-Eis mit Ingwer

Für vier bis sechs Personen

250 g Erdbeeren
1 Stück Ingwer, ca. 2 cm
300 g Vollmilchjoghurt
125 g Crème double
100 g Puderzucker
3 EL Sesamsamen

Die Erdbeeren waschen und entstielen. Ingwer schälen, fein reiben und zusammen mit den Erdbeeren pürieren.

Den Joghurt mit Crème double, Puderzucker und Erdbeerpüree verrühren. Eine Metallschale oder eine Plastikdose mit Klarsichtfolie ausschlagen und die Masse einfüllen.

Die Eismasse in mindestes 3 Stunden im Tiefkühler fest werden lassen. Etwa 30 Minuten vor dem Servieren in den Kühlschrank stellen.

Inzwischen die Sesamsamen in einer Pfanne trocken rösten und abkühlen lassen.

Das Eis mit einem Kugelformer oder einem Löffel portionieren und in Gläser oder Dessertschalen verteilen. Mit dem gerösteten Sesam bestreuen.

Desserts

Erdbeersülzchen mit Campari

Für vier Personen

250 g Erdbeeren

6 Blatt weiße Gelatine

200 ml Holunderblüten-Sirup

150 ml Campari

200 ml Sahne

Die Erdbeeren waschen, entstielen und je nach Größe vierteln oder halbieren.

Die Gelatine 10 Minuten in kaltem Wasser einweichen.

Holunderblütensirup und Campari kurz erhitzen. Die Gelatine gut ausdrücken und darin auflösen.

Die Erdbeeren in 4 kalt ausgespülte Schälchen (à 150 ml Inhalt) geben. Jeweils mit Gelierflüssigkeit übergießen, bis alle Beeren davon bedeckt sind.

Die Sülzchen im Kühlschrank in mindestens 1,5 Stunden fest werden lassen.

Vor dem Servieren die Sahne halbsteif schlagen. Die Sülzchen mit einem Messer vom Formrand lösen, kurz in heißes Wasser halten und dann auf 4 Teller stürzen.

Jede Portion mit halbsteifer Sahne garnieren.

Erdbeeren mit dreierlei Dips

Für vier Personen

1 kg möglichst
kleine Erdbeeren

Asiatischer Dip

1 Stück Ingwer, ca. 3 cm
3 Kardamomkapseln
1 EL brauner Zucker
250 g Sahnequark

Italienischer Dip

3 EL Limoncello
Saft von ½ Zitrone
3 EL Puderzucker
250 g Mascarpone
50 g Pistazien, fein gehackt

Französischer Dip

250 g Crème fraîche
3 EL Lavendelhonig
1 EL Zitronensaft
2 EL Lavendelblüten

Erdbeeren waschen, gut abtropfen lassen und in einer Schüssel auf den Tisch stellen.

Dips zubereiten und dazu stellen.

Für den asiatischen Dip Ingwer schälen, fein reiben, Kardamomsamen aus den Kapseln lösen und in einem Mörser zerreiben. Mit Ingwer, Zucker und Sahnequark verrühren.

Für den italienischen Dip Limoncello mit Zitronensaft, Puderzucker, Mascarpone und Pistazien vermengen.

Für den französischen Dip Crème fraîche mit Lavendelhonig, Zitronensaft und Lavendelblüten verrühren.

Erdbeergrütze mit Pistazien

Für vier bis sechs Personen

500 g Erdbeeren

5 EL Zucker

Saft von ½ Zitrone

450 ml Roséwein aus der Provence (ersatzweise Apfelsaft)

3 EL Speisestärke

3 EL gehackte Pistazien

200 ml Sahne

1 Päckchen Vanillezucker

einige Zweige Zitronenmelisse

Die Erdbeeren waschen, entstielen und je nach Größe vierteln oder halbieren. In einer Schüssel mit dem Zucker und dem Zitronensaft mischen und 20 Minuten ziehen lassen.

Die Hälfte der Erdbeeren mit dem Rosé aufkochen und mit dem Mixstab pürieren. Die Speisestärke mit etwas kaltem Wasser glatt rühren, unter das Erdbeerpüree mischen und das Ganze 2 Minuten köcheln lassen.

Die restlichen Erdbeeren und die Pistazien untermischen. Die Grütze in eine Schüssel füllen, vollständig abkühlen lassen und mindestens 1 Stunde kühl stellen.

Vor dem Servieren die Sahne mit dem Vanillezucker dickflüssig aufschlagen und zu der Grütze reichen. Mit Zitronenmelisse garnieren.

Panna cotta mit Erdbeersauce

Für vier Personen

Für die Panna cotta
400 ml Sahne
50 g Zucker
2 TL abgeriebene Schale von 1 Bio-Zitrone
3 Blatt weiße Gelatine

Für die Sauce
250 g Erdbeeren
2 EL Zucker

Außerdem
2 EL gehackte Pistazien zum Bestreuen
4 Erdbeeren mit Blättchen zum Garnieren

Die Sahne mit dem Zucker in einen Topf geben. Aufkochen und 15 Minuten köcheln lassen, dabei immer wieder umrühren. Zum Schluss die Zitronenschale zufügen.

Sahne durchseihen, Gelatine 10 Minuten in kaltem Wasser einweichen. Die Gelatine ausdrücken und in der heißen Sahne auflösen.

4 Portionsförmchen kalt ausspülen und die Sahnemischung einfüllen. Abkühlen lassen und für 2 Stunden in den Kühlschrank stellen.

Für die Sauce die Erdbeeren waschen und entstielen, mit dem Zucker in einem Topf vermengen und einmal aufkochen lassen. Die Früchte durch ein feines Sieb in eine Schüssel streichen.

Die Panna Cotta aus den Förmchen auf 4 Teller stürzen. Mit gehackten Pistazien bestreuen und mit Erdbeersauce umgießen. Mit Erdbeeren garnieren.

Tipp: Nach Belieben noch 2 EL Orangenlikör (Grand Marnier) unter die Sauce rühren.

Clafoutis mit Erdbeerragout

Für vier Personen

1 Vanilleschote
4 Eier
150 g Zucker
150 g Mehl
1 Prise Salz
400 ml Milch
Fett für die Form
750 g Erdbeeren
2 EL Puderzucker
200 ml Roséwein
z.B. Mouton Cadet
Puderzucker zum Bestäuben
Minze zum Garnieren

Den Backofen auf 200 °C vorheizen.

Die Vanilleschote längs aufschlitzen und das Mark herauskratzen.

Eier und Zucker mit einem Handrührgerät schaumig schlagen. Vanillemark, Mehl, Salz und Milch unterrühren.

Eine Gratinform einfetten. Die Masse hineinfüllen und auf der mittleren Einschubleiste ca. 35 Minuten backen.

Die Erdbeeren waschen, entstielen, in einem Topf mit dem Puderzucker und dem Wein mischen, einmal kurz aufkochen. Den Topf vom Herd nehmen, das Ragout abkühlen lassen und bis zum Servieren kühl stellen.

Den Clafoutis lauwarm oder kalt mit dem Erdbeerragout anrichten und mit Puderzucker bestäuben. Mit Minze garnieren.

Erdbeer-Grieß-Timbales

Für vier Personen

250 ml Milch

1 Stück Schale von 1 Bio-Zitrone

1 Prise Salz

50 g Grieß

250 g Erdbeeren

3 EL Zucker

4 Blatt weiße Gelatine

200 ml Sahne

Fett für die Förmchen

Die Milch mit der Zitronenschale aufkochen. Die Zitronenschale herausnehmen. Salz und Grieß einrühren, aufkochen und 5 Minuten köcheln lassen. Den Topf vom Herd nehmen und die Masse auskühlen lassen.

Erdbeeren waschen und entstielen.

Die Hälfte der Erdbeeren pürieren und mit dem Zucker mischen.

Die Gelatine 10 Minuten in kaltem Wasser einweichen. Die Sahne kurz erhitzen, die ausgedrückte Gelatine darin auflösen. Grießmasse, Erdbeerpüree und Sahne-Gelatine-Mischung gut vermengen

4 Förmchen (à 150 ml Inhalt) kalt ausspülen und mit der Masse füllen. Im Kühlschrank in mindestens 2 Stunden fest werden lassen.

Inzwischen die restlichen Erdbeeren in Scheiben schneiden. Die Förmchen vor dem Servieren kurz in heißes Wasser halten, die Timbales auf 4 Teller stürzen und mit Erdbeerscheiben umlegen.

Tipp: Das Dessert kann schon am Vortag zubereitet werden.

Mascarponecreme mit Holunder und Erdbeeren

Für sechs Personen

1 Bio-Zitrone
250 g Magerquark
500 g Mascarpone
100 g Puderzucker
500 g Erdbeeren
200 ml Holunderblüten-Sirup
einige Zweige Basilikum

Die Zitrone heiß waschen, abtrocknen und die Hälfte der Schale abreiben. Die Zitrone auspressen. Den Magerquark gründlich mit Mascarpone, Puderzucker, Zitronensaft sowie -schale verrühren.

Die Creme in eine Schüssel füllen und für mindestens 30 Minuten kühl stellen.

Die Erdbeeren waschen, entstielen und je nach Größe vierteln oder halbieren.

Vorsichtig mit dem Holunderblüten-Sirup mischen und bis zum Servieren kühl stellen. Das Basilikum waschen, die Blättchen abzupfen und zum Schluss unterheben.

Die Mascarponecreme auf 4 Schälchen verteilen und die Erdbeeren daneben anrichten.

Schoko-Quark-Törtchen mit Erdbeeren und Minze

Für vier Personen

100 g zartbittere Schokolade

50 g weiche Butter

50 g Zucker

2 Eier

250 g Sahnequark

50 g Mehl

Butter für die Förmchen

500 g Erdbeeren

2 unbehandelte Limetten

5 EL Puderzucker

2 Stängel Minze

Die Schokolade zerbröckeln und im Wasserbad schmelzen. Vom Herd nehmen und etwas abkühlen lassen.

Backofen auf 180 °C vorheizen. Butter und Zucker mit einem Handrührgerät cremig rühren, die Eier nacheinander dazu geben. Den Sahnequark und das Mehl untermischen.

Zum Schluss die geschmolzene Schokolade unterrühren. 4 hitzebeständige Förmchen (à 150 ml Inhalt) einfetten und mit der Masse füllen. Auf der unteren Einschubleiste ca. 30 Minuten backen.

Die Erdbeeren waschen, entstielen, je nach Größe vierteln oder halbieren und in eine Schüssel geben. Eine Limette heiß waschen, abtrocknen und die Schale abreiben. Beide Limetten auspressen, den Saft mit dem Puderzucker verrühren und gemeinsam mit der Limettenschale unter die Erdbeeren mischen. Die Minze waschen, die Blättchen abzupfen und untermengen.

Die Törtchen aus dem Backofen nehmen und etwas abkühlen lassen. Mit einem Messer vom Förmchenrand lösen. Die Törtchen auf 4 Teller stürzen und die marinierten Erdbeeren rundum verteilen.

Erdbeeren mit Sherry-Sabayon

Für vier Personen

500 g Erdbeeren

5 EL Zucker

3 Eigelbe

3 EL Zucker

250 ml trockener Sherry (Fino)

Minze zum Garnieren

Die Erdbeeren waschen, entstielen und je nach Größe halbieren oder vierteln. Mit dem Zucker in einer Schüssel mischen und ziehen lassen.

Die Eigelbe mit dem Zucker in einer Metallschüssel mit einem Handrührgerät zu einer hellgelben Masse aufschlagen.

Die Schüssel in ein leicht siedendes Wasserbad stellen und weiter schlagen. Dabei den Sherry langsam dazugießen und weiter schlagen, bis eine cremige Masse entstanden ist.

Die Erdbeeren in 4 Dessertschalen verteilen und mit dem lauwarmen Sabayon übergießen. Mit Minze garnieren.

Vanillecreme mit marinierten Erdbeeren

Für vier bis sechs Personen

400 g Erdbeeren

3 EL Zucker

3 EL Orangenlikör (z.B. Grand Marnier)

375 ml Milch

2 Vanilleschoten

2 Eier

4 Eigelbe

80 g Zucker

1 gestrichener EL Speisestärke

150 ml Sahne

Minzeblättchen zum Garnieren

Die Erdbeeren waschen, entstielen und in Scheiben schneiden. Mit Zucker und Orangenlikör mischen und im Kühlschrank ziehen lassen.

Die Milch in einen Topf gießen. Vanilleschoten aufschlitzen, das Vanillemark herauskratzen und mit den Schoten zur Milch geben. Alles langsam aufkochen und den Topf vom Herd nehmen.

Eier, Eigelbe und Zucker mit dem Handrührgerät zu einer hellgelben, cremigen Masse aufschlagen. Die Vanilleschoten aus der Milch nehmen. Die Speisestärke mit etwas kaltem Wasser anrühren, unter die Milch mischen, kurz aufkochen und dann langsam unter die Eiermasse rühren.

Die Schüssel in ein leicht siedendes Wasserbad stellen und bei milder Hitze so lange mit dem Schneebesen schlagen, bis die Masse cremig ist. Die Vanillecreme kurz abkühlen lassen.

In 4 oder 6 Dessertschalen füllen und für mindestens 30 Minuten kühl stellen.

Die Erdbeeren kurz vor dem Servieren auf der Creme verteilen und alles mit Minze garnieren.

Erdbeergratin mit Mandelschaum

Für vier Personen

750 g Erdbeeren

8 EL Zucker

3 EL Limoncello

3 Eier

80 g Puderzucker

100 g Mandeln, fein gemahlen

Fett für die Form

Die Erdbeeren waschen, entstielen und je nach Größe vierteln oder halbieren. Mit dem Zucker und dem Limoncello in einer Schüssel mischen und ziehen lassen.

Den Backofen auf 200 °C vorheizen.

Die Eier trennen, die Eigelbe mit der Hälfte des Puderzuckers cremig schlagen, die gemahlenen Mandeln untermischen.

Die Eiweiße mit dem restlichen Puderzucker steif schlagen und unter die Mandelmasse heben.

Eine Tarteform einfetten und die Erdbeeren gleichmäßig darin verteilen.

Mit dem Mandelschaum bedecken und auf der mittleren Einschubleiste 15 bis 20 Minuten gratinieren, bis die Oberfläche goldgelb geworden ist. Sofort servieren.

Kuchen und Törtchen

Erdbeermuffins mit Mandeln

Für ca. zwölf Stück

- 100 g weiche Butter
- 160 g Zucker
- 2 Eier
- 1 Prise Salz
- 200 g Mehl
- 2 EL Kakao
- 2 TL Backpulver
- 200 ml Milch
- 150 g Erdbeeren
- 50 g gemahlene Mandeln
- 12 Papierförmchen, ca. 5 cm Durchmesser
- Puderzucker zum Bestäuben

Backofen auf 175 °C vorheizen.

Butter und Zucker in einer Schüssel mit dem Handrührgerät zu einer hellgelben, cremigen Masse aufschlagen.

Die Eier und das Salz unterrühren.

Mehl, Kakao und Backpulver mischen. Abwechselnd mit der Milch unter die Eiercreme rühren.

Erdbeeren waschen, entstielen, trocken tupfen und vierteln. Zusammen mit den Mandeln unter den Teig heben.

Teig in die Förmchen füllen.

Die Muffins auf der mittleren Einschubleiste ca. 25 Minuten backen. Herausnehmen und mit Puderzucker bestäuben.

Erdbeer-Joghurt-Torte

Für eine Springform von 26 cm Durchmesser

Für den Teig

250 g Mehl
125 g eiskalte Butter
100 g Zucker
1 Ei
1 Prise Salz
Fett für die Form

Für den Belag

9 Blatt weiße Gelatine
3 Eigelbe
3 EL Honig
500 g Sahnejoghurt
Saft von ½ Zitrone
100 ml Sahne
500 g Erdbeeren, gewaschen und geputzt
2 EL Zucker

Die Teigzutaten zu einem geschmeidigen Teig verarbeiten. Zur Kugel formen, in Klarsichtfolie hüllen und 30 Minuten in den Kühlschrank legen.

Backofen auf 180 °C vorheizen.

Eine Springform einfetten. Den Teig messerrückendick ausrollen, den Boden der Form damit auslegen und einen etwa 4 cm hohen Rand formen. Den Teigboden mehrmals mit einer Gabel einstechen, mit Backpapier belegen und mit 500 g Hülsenfrüchten bestreuen. Auf der mittleren Einschubleiste etwa 30 Minuten backen. Herausnehmen, abkühlen lassen und aus der Form lösen.

Gelatine 10 Minuten in kaltem Wasser einweichen. Eigelbe und Honig schaumig rühren, Sahnejoghurt und den Zitronensaft zufügen. Gelatine ausdrücken, in eine Schöpfkelle geben und über kochendem Wasser auflösen. Unter die Joghurt-Masse rühren und diese 30 Minuten kühl stellen.

Hälfte der Sahne steif schlagen und unterziehen. Joghurt-Sahne auf dem Teigboden verteilen und für 2 Stunden kühl stellen. Erdbeeren mit dem Zucker mischen und auf dem Kuchen verteilen. Restliche Sahne steif schlagen und die Torte damit verzieren.

Erdbeer-Mousse-Torte

Für eine Springform von 26 cm Durchmesser

200 g Löffelbiskuits

100 g weiche Butter

Backpapier

6 Blatt weiße Gelatine

500 g Erdbeeren

5 EL Zucker

50 ml Holunderblüten-Sirup

750 g Sahnequark

10 schöne gewaschene Erdbeeren mit Blättchen zum Garnieren

1 Päckchen gehackte grüne Pistazien (25 g)

Die Löffelbiskuits in eine Plastiktüte geben und mit der Teigrolle fein zerbröseln. Die Biskuitbrösel in eine Schüssel füllen, die Butter dazugeben und das Ganze mit den Knethaken eines Handrührers zu einer glatten Masse verkneten.

Den Boden einer Springform mit Backpapier auslegen. Die Bröselmasse gleichmäßig darauf verteilen und flachdrücken.

Die Gelatine 10 Minuten in kaltem Wasser einweichen. Erdbeeren waschen, entstielen und gemeinsam mit dem Zucker pürieren. Holunderblütensirup erhitzen, die Gelatine etwas ausgedrückt darin auflösen. Dann unter das Erdbeerpüree mengen. Den Quark nach und nach unterrühren, bis eine homogene Masse entstanden ist.

Die Masse auf dem Kuchenboden verteilen und glatt streichen. Die Torte in mindestens 2 Stunden im Kühlschrank fest werden lassen. Vorsichtig aus der Form lösen.

Die restlichen Erdbeeren längs halbieren und die Torte damit garnieren. Den Rand mit gehackten Pistazien verzieren.

Schneller Erdbeerkuchen

500 g Erdbeeren, möglichst gleich groß

175 g Doppelrahmfrischkäse

100 g Mandelcreme (Reformhaus)

2 EL gehackte Mandeln

4 EL Puderzucker

50 ml Milch

1 Biskuitboden für Obstkuchen

3 Blatt rote Gelatine

125 ml Wasser

3 EL Zitronensaft

2 EL Zucker

Erdbeeren waschen, entstielen und auf Küchenpapier abtropfen lassen.

Doppelrahmfrischkäse, Mandelcreme, gehackte Mandeln, Puderzucker und Milch gut verrühren. Die Creme gleichmäßig auf dem Biskuitboden verstreichen. Die Erdbeeren halbieren und dicht nebeneinander, mit der Schnittfläche nach unten, auf die Mandelcreme setzen.

Gelatine 10 Minuten in kaltem Wasser einweichen.

125 ml Wasser, Zitronensaft und Zucker in einem kleinen Topf aufkochen, bis der Zucker sich aufgelöst hat. Den Topf vom Herd nehmen.

Die Gelatine ausdrücken und in der heißen Flüssigkeit auflösen. Etwas abkühlen lassen und mit einem Esslöffel gleichmäßig auf den Erdbeeren verteilen.

Für 30 Minuten kühl stellen. Schlagsahne dazu reichen.

Tipp: Anstelle eines großen Biskuitbodens können Sie auch 6–8 fertige Torteletteböden verwenden.

Erdbeerschnitten mit Mascarpone und Veilchen

Für acht Stück

Für den Teig

5 Eier
125 g Zucker
1 Päckchen Vanillezucker
100 g Mehl
2 EL Speisestärke
1 Msp. Backpulver
Backpapier für das Blech

Für den Belag

250 g Mascarpone
100 ml Sahne
3 EL Honig
50 g gemahlene Mandeln
500 g Erdbeeren
3 EL Puderzucker
kandierte Veilchen

Backofen auf 200 °C vorheizen. Ein Backblech (28 x 38 cm) mit Backpapier belegen.

Die Eier trennen. Die Eiweiße mit der Hälfte des Zuckers zu Eischnee aufschlagen und kühl stellen. Die Eigelbe mit dem restlichen Zucker und dem Vanillezucker mit dem Handrührgerät cremig rühren.

Mehl, Speisestärke und Backpulver mischen und über die Eigelbmasse sieben. Eischnee darüber geben und das Ganze vorsichtig vermengen. Den Teig auf dem Backblech verteilen und glatt streichen.

Auf der mittleren Einschubleiste 12 bis 15 Minuten backen.

Inzwischen Mascarpone, Sahne, Honig und Mandeln cremig aufschlagen. Erdbeeren waschen, entstielen, in Scheiben schneiden und mit Puderzucker bestäuben.

Das Blech herausnehmen. Die Teigplatte abkühlen lassen und in 8 gleich große Rechtecke schneiden. Gleichmäßig mit der Mascarponecreme bestreichen.

Die Erdbeerscheiben darauf schichten und mit Veilchen dekorieren.

Erdbeertarte

Für eine Form von 26 cm Durchmesser

Für den Teig

150 g Mehl
50 g gemahlene Haselnüsse
100 g eiskalte Butter
1 Ei
50 g Zucker
1 Prise Salz
500 g Hülsenfrüchte zum Blindbacken

Für den Belag

600 g Erdbeeren
250 g Ricotta
50 g Puderzucker
3 Minzezweige
Puderzucker zum Bestäuben

Mehl mit den gemahlenen Haselnüssen in eine Schüssel füllen. Die Butter in kleinen Würfeln dazugeben. Ei, Zucker und Salz zufügen und alles mit den Knethaken des Handrührgeräts zu einem geschmeidigen Teig verarbeiten. Den Teig zu einer Kugel formen, in Folie hüllen und für 30 Minuten im Kühlschrank ruhen lassen.

Backofen auf 200 °C vorheizen.

Eine Springform einfetten. Den Teig auf einer bemehlten Fläche ausrollen, hinein legen und dabei einen ca. 2 cm hohen Rand formen. Den Teigboden mit einer Gabel mehrmals einstechen. Mit Backpapier bedecken, mit Hülsenfrüchten bestreuen und im Backofen (Mitte) 25 Minuten backen. Herausnehmen und ganz abkühlen lassen. Backpapier und Hülsenfrüchte entfernen.

Erdbeeren waschen und entstielen.
100 g pürieren, die restlichen halbieren. Das Erdbeerpüree mit Ricotta und Puderzucker verrühren.

Den Teigboden aus der Form lösen auf eine Kuchenplatte setzen und abkühlen lassen. Mit der Erdbeercreme bestreichen und die Erdbeerhälften kranzförmig darauf anordnen. Die Minze abbrausen, die Blättchen abzupfen und darauf verteilen. Die Tarte dick mit Puderzucker bestäuben.

Marmelade und Co.

Kaltgerührte Erdbeerkonfitüre mit Limoncello

Für sechs Gläser à 250 ml

500 g Erdbeeren

500 g Gelierzucker

50 ml Limoncello (Zitronenlikör)

Die Erdbeeren waschen, entstielen und trocken tupfen. Gemeinsam mit dem Gelierzucker in einen Mixer geben und 10 Minuten durchmixen.

Zum Schluss den Limoncello unterrühren. Die Konfitüre in vorbereitete Gläser füllen und kühl aufbewahren.

Tipp: Diese kalt gerührte Marmelade wird nicht so fest wie gekochte und sollte möglichst schnell verbraucht werden, deshalb sollte man nur wenige Gläser davon zubereiten.

Erdbeergelee mit Rosenblättern

Für sechs Gläser à 250 ml

1,2 kg Erdbeeren

1 kg Gelierzucker

Saft von 2 Limetten

2 EL Rosenwasser (aus der Apotheke)

10–15 Blütenblätter von einer unbehandelten Rose

Die Erdbeeren waschen, entstielen und im Mixer pürieren. Das Püree durch ein sehr feines Sieb oder ein Gazetuch passieren.

Den Erdbeersaft mit dem Gelierzucker in einem Topf mischen, aufkochen und 5 Minuten sprudelnd kochen lassen. Limettensaft und Rosenwasser unterrühren.

6 Twist-off Gläser bis zur Hälfte mit Gelee füllen, jeweils Rosenblätter einstreuen und diese mit dem restlichen Gelee bedecken. Die Gläser verschließen und kopfüber 5 Minuten lang auf ein Küchentuch stellen.

Das Gelee vollständig abkühlen lassen.

Klassische Erdbeerkonfitüre

Für sechs Gläser à 250 ml

1 kg vollreife Erdbeeren

500 g Gelierzucker

Die Erdbeeren waschen, entstielen, halbieren und in einen Topf geben. Mit dem Mixstab pürieren.

Das Erdbeerpüree mit 500 g Gelierzucker verrühren. Bei starker Hitze aufkochen und 4 Minuten sprudelnd kochen, dabei ständig umrühren.

Erdbeerkonfitüre in Twist-off Gläser füllen. Die Gläser verschließen und kopfüber 5 Minuten lang auf ein Küchentuch stellen. Die Konfitüre vollständig abkühlen lassen.

Französische Erdbeerkonfitüre mit Cognac

Für sechs Gläser à 250 ml

1,5 kg Erdbeeren

2 Vanilleschoten

800 g Zucker

5 EL Cognac

Saft von 1 Zitrone

Die Erdbeeren waschen, entstielen und in einen Topf füllen. Die Vanilleschoten längs aufschlitzen und das Mark herauskratzen. Vanillemark mit dem Zucker und dem Cognac unter die Erdbeeren mischen. Das Ganze im Kühlschrank 1 Stunde zugedeckt ziehen lassen.

Die Erdbeeren mit einem Mixstab fein pürieren. Dann aufkochen und bei milder Hitze 10 Minuten köcheln lassen, dabei immer wieder umrühren.

Die heiße Konfitüre in 6 Twist-off Gläser füllen. Die Gläser verschließen und kopfüber 5 Minuten lang auf ein Küchentuch stellen. Die Konfitüre vollständig abkühlen lassen.

Erdbeer-Rumtopf

Für 1 Liter

1 kg Erdbeeren

500 g Zucker

750 ml Rum (54 %)

Die Erdbeeren waschen, entstielen, mit dem Zucker mischen und mindestens 1 Stunde ziehen lassen.

Dann in ein verschließbares Keramikgefäß geben und mit dem Rum aufgießen. Mindestens 4 Wochen an einem kühlen Platz ziehen lassen .

Tipp: Hält mindestens 6 Monate. Schmeckt sehr gut zu Vanilleeiscreme.

Erdbeerlikör

Für zwei Flaschen à 500 ml

500 g Erdbeeren
1 Stängel Zitronengras
1 Stück Ingwer
200 g weißer Kandiszucker
700 ml Obstschnaps (Kirschwasser, Zwetschgenwasser, etc.)

Die Erdbeeren waschen, entstielen, trocken tupfen und in ein Glasgefäß geben.

Vom Zitronengras die äußeren Schichten entfernen, den Ingwer schälen und in Scheiben schneiden, beides in das Glas geben. Den Kandiszucker zufügen und mit Obstschnaps aufgießen. Das Gefäß mit einem Deckel oder Folie verschließen und den Likör an einem sonnigen Platz etwa 2 Monate ziehen lassen.

Den Likör durch ein Sieb in Flaschen gießen und nochmals mindestens 4 Wochen ruhen lassen. Zitronengras und Ingwer wegwerfen. Die Erdbeeren pürieren und als Sauce zu Desserts verwenden.

Tipp: Der Likör ist ein tolles, selbst gemachtes Mitbringsel.

Variante: Zitronengras und Ingwer weglassen und aromatische Walderbeeren verwenden. Den Obstbrand nach Belieben durch Cognac ersetzen.

Rezeptverzeichnis

Die Autorin

Cornelia Adam ist seit über 25 Jahren als freie Foodjournalistin für bekannte Zeitschriften tätig. Sie hat bereits zahlreiche Kochbücher veröffentlicht. Ihre Rezepte sind von vielen Auslandsaufenthalten inspiriert, einfach nachzukochen und gelingsicher. Seit 10 Jahren leitet Cornelia Adam das Foodressort bei der Zeitschrift MYSELF.

Grafik & Fotografie

Stephan Schöll ist ein international anerkannter Grafiker und Designer. In Afrika aufgewachsen, lebte er in verschiedenen Städten auf mehreren Kontinenten. In Sydney machte er seinen Bachelor in Grafikdesign. Seit 1996 ist er mit seinem Studio in München ansässig. Seine Leidenschaft gilt der Gestaltung von Corporate Identities, Imagebroschüren, Papeterieartikeln und Büchern. Für den Gerstenberg Verlag hat er bereits die Gestaltung von *Ruths Kochbuch* sowie die der nonbook-Reihen *Feine Papeterie – Erlesen!* und *Shakespeares Gärten* übernommen.

Originalausgabe
1. Auflage 2016

Text © Cornelia Adam
Foto © Stephan Schöll

Der Verlag dankt Konditormeister Ferdinand Pachernegg für die Unterstützung bei der Fotoproduktion.

Copyright © 2016 Gerstenberg Verlag, Hildesheim
Gestaltung und Satz: Stephan Schöll
Alle Rechte vorbehalten
Umschlagkonzept: Stephan Schöll
unter Verwendung von © iStockphoto, © fotolia
Druck und Bindung: Westermann Druck, Zwickau
Printed in Germany

ISBN 978-3-8369-2118-3
www.gerstenberg-verlag.de